La Señora J... es la Mejor en Darte los Cinco

Presentando la Consejera Educativa

Written by:
Erainna Winnett

Illustrated by:
Somnath Chatterjee

Mrs. Joyce Gives the Best High-Fives
Text copyright © 2013 by Erainna Winnett
Illustrations copyright © 2013 by Somnath Chatterjee

All rights reserved. No part of this book may be reproduced or transmitted in any form or by any means, electronic or mechanical, including photocopying, recording, or by an information storage and retrieval system, without permission in writing from the publisher, except for brief quotations for critical reviews.

Author: Erainna Winnett
Illustrator: Somnath Chatterjee

Printed in the United States of America

Summary: This book explains the role of the elementary school counselor.

En memoria de mi madre quien hizo los mejores panecillos y frijoles pintos de ajo en el mundo.

¡Finalmente fue el primer día escolar y Anita no podía esperar! Todos sus amigos estarían allí y ella tenía un maestro nuevo que conocer. Las puertas principales de la Primaria Emerson abrieron, mostrando su persona favorita en la escuela, la consejera.

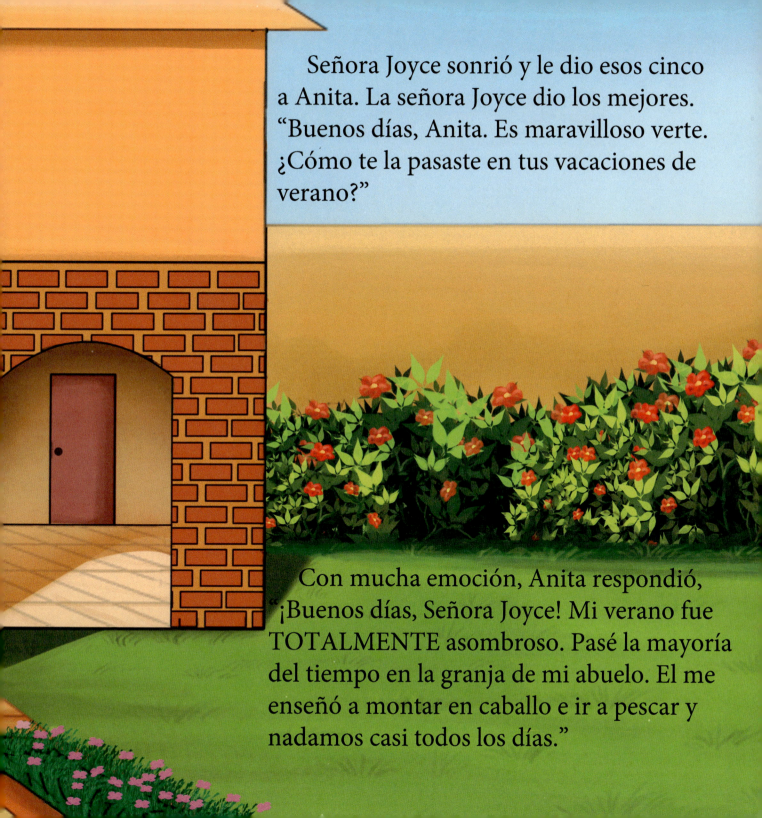

Señora Joyce sonrió y le dio esos cinco a Anita. La señora Joyce dio los mejores. "Buenos días, Anita. Es maravilloso verte. ¿Cómo te la pasaste en tus vacaciones de verano?"

Con mucha emoción, Anita respondió, "¡Buenos días, Señora Joyce! Mi verano fue TOTALMENTE asombroso. Pasé la mayoría del tiempo en la granja de mi abuelo. El me enseñó a montar en caballo e ir a pescar y nadamos casi todos los días."

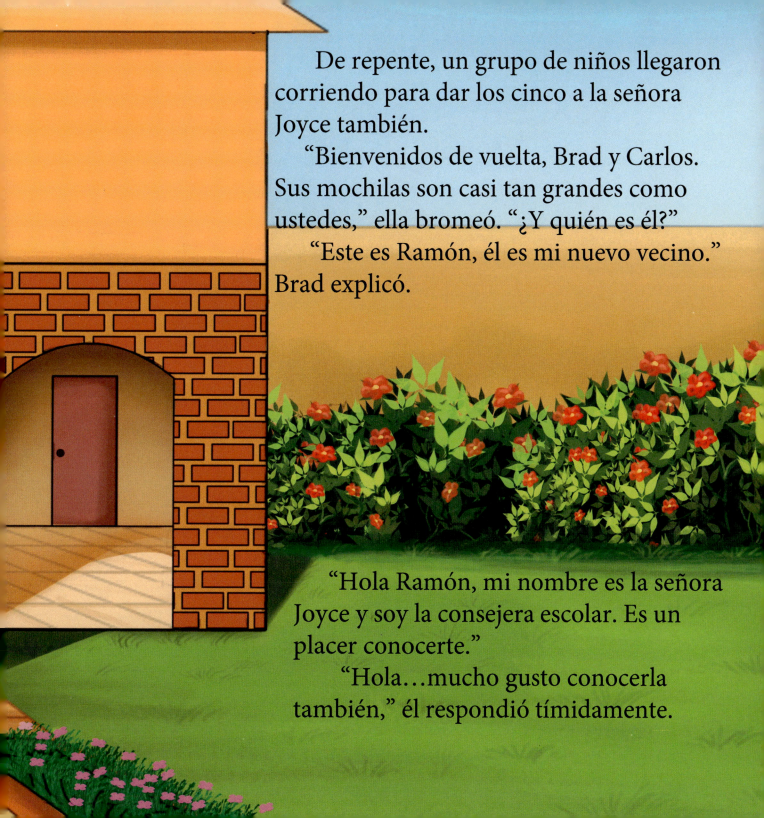

De repente, un grupo de niños llegaron corriendo para dar los cinco a la señora Joyce también.

"Bienvenidos de vuelta, Brad y Carlos. Sus mochilas son casi tan grandes como ustedes," ella bromeó. "¿Y quién es él?"

"Este es Ramón, él es mi nuevo vecino." Brad explicó.

"Hola Ramón, mi nombre es la señora Joyce y soy la consejera escolar. Es un placer conocerte."

"Hola…mucho gusto conocerla también," él respondió tímidamente.

Mientras los niños caminaban dentro del edificio Ramón preguntó, "¿Qué hace exactamente un consejero escolar?"

Brad empezó, "Pues, los consejeros escolares te ayudan con muchas cosas. Le visité el año pasado cuando mis padres se separaron. Fue muy difícil para mí, pero la señora Joyce me habló y me ayudó a entender mejor porque algunas personas se divorcian."

"¿Supieron tus padres de que hablaste?"

"No, la señora Joyce no le dijo a nadie. Ella es una consejera escolar y por eso ella no le dice a nadie de que hablaste – se llama confidencialidad – a menos de que alguien te lastime o tratas de lastimar a alguien. ENTONCES ella le dice a alguien. Alguien quien puede ayudarte."

"La señora Joyce me ayudó también," Carlos añadió. "Me ponía tan ansioso antes de los exámenes que no podía pensar claramente. La señora Joyce me ensenó estrategias para relajarme y prepararme por los exámenes y ahora son más fáciles."

Más tarde esa semana, La señorita Brillante, la maestra de Ramón, le dio un permiso del consejero. "A la señora Joyce le gustaría visitarte para ver cómo estás."

Ramón se sentía nervioso mientras entraba en la oficina de la consejera. Pero mientras observaba el cuarto con los carteles y dibujos coloridosa, él comenzó a relajarse.

"Ramón, es genial verte otra vez. ¿Cómo va tu primera semana?"

"Me gusta por ahora. Mi maestra es muy amable. Y Brad está en mi clase."

"¡Maravilloso!" exclamó Señora Joyce. "Me alegre oír que ustedes están juntos."

Mirando por todas partes, Ramón se dio cuenta de un letrero. "Eso me parece como algo que he oído antes," el declaró señalando al cartel. "Lo que es dicho aquí, se queda aquí. ¿Qué quiere decir?"

"Quiere decir que no digo a nadie lo que tú y yo hablamos. Es privado. Se llama confidencialidad."

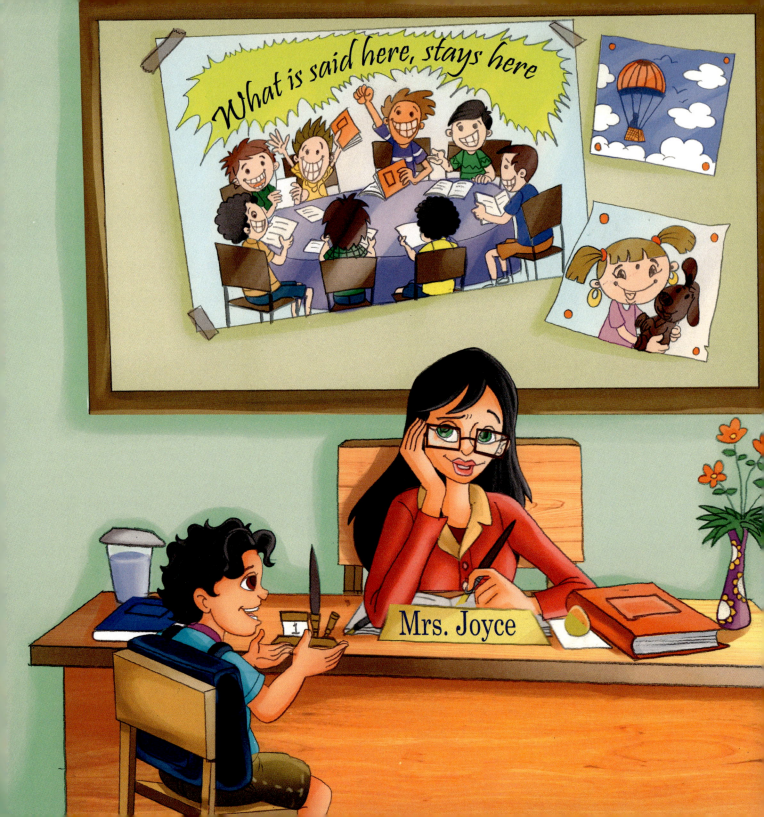

"Ah, recuerdo Brad diciendo algo de eso más temprano. Él y Carlos me dijeron otras maneras que Usted les ayudó."

"Sí, estoy aquí para ayudar a todos los estudiantes. A veces hablamos de los sentimientos y haciendo opciones buenas o haciendo metas. Ayudo a cada estudiante para llegar a ser su propia persona resolutiva."

"¿Mi propia persona resolutiva?"

"Tú apuestas. ¡Cuando aprendes como resolver problemas, estás más cerca a ser el mejor tú que puedes ser!"

Ramón pensó por un momento. "¿Si yo tenga un problema y quiero hablar con Usted, ¿cómo se lo digo?
"Fácil. Llenas una hoja de Necesito Ver la Consejera o puedes hablar con tu maestra y ella me puede decir. También puedes decir a tus padres o tutores legales. Me llamarán.

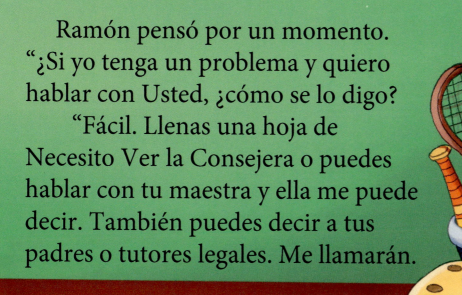

"¿Usted visitaría a mis padres?"
"Claro, trabajo con padres y maestros. Somos compañeros en tu educación y te queremos tener éxito en la escuela y en hogar."

Ramón asintió con la cabeza, "A veces, es difícil hacer amigos. ¿Eso es algo que Usted hace para ayudar a los estudiantes?"

¡Absolutamente! De hecho, tengo un grupo de Amistad que empieza la próxima semana. Hablaremos de lo que significa la Amistad y descubrir maneras para hacer y mantener amigos. ¿Eso es algo que quizás serías interesado?

Ramón se encogió de hombros. "¿Los otros niños se burlarán de mí y les decir a todos que no tengo ningunos amigos?"

"Ay, no. Lo que cualquier persona dice se queda aquí, incluso cuando es un grupo. ¿Recuerdas el cartel?"

"¿Entonces no se permite hablar de eso fuera de este cuarto?"

"Eso es correcto. Lo que aprendemos unos de otros está destinado a ayudar, no a hacer daño." La Señora Joyce le aseguró.

"Qué chulo. Me gustaría aprender cómo hacer amigos." Ramón se sonrió. "Sí, quiero ser parte de un grupo de amistad."

"Eso es genial. Enviaré una carta a tu casa explicando el grupo a tus padres para obtener su permiso."

Ramón tuvo más preguntas. "El otro día cuando nuestra clase venía del recreo, se vi entrar en el salón de Carlos. ¿Por qué estaba allí usted?"

"Entro en los salones muchas veces cada año. Normalmente leo un cuento o hacer una actividad con la clase. Siempre nos divertimos mucho durante mis visitas de salones."

Ramón pensó en todo lo que dijo la Señora Joyce. Él le gustó hablar a la consejera escolar. "Gracias Señora Joyce, por decirme de su trabajo y por invitarme a ser parte del grupo de amistad."

"Me alegre que estás en nuestra escuela, Ramón. Hay muchos adultos quienes están aquí para ayudarte; Soy solo uno de ellos."

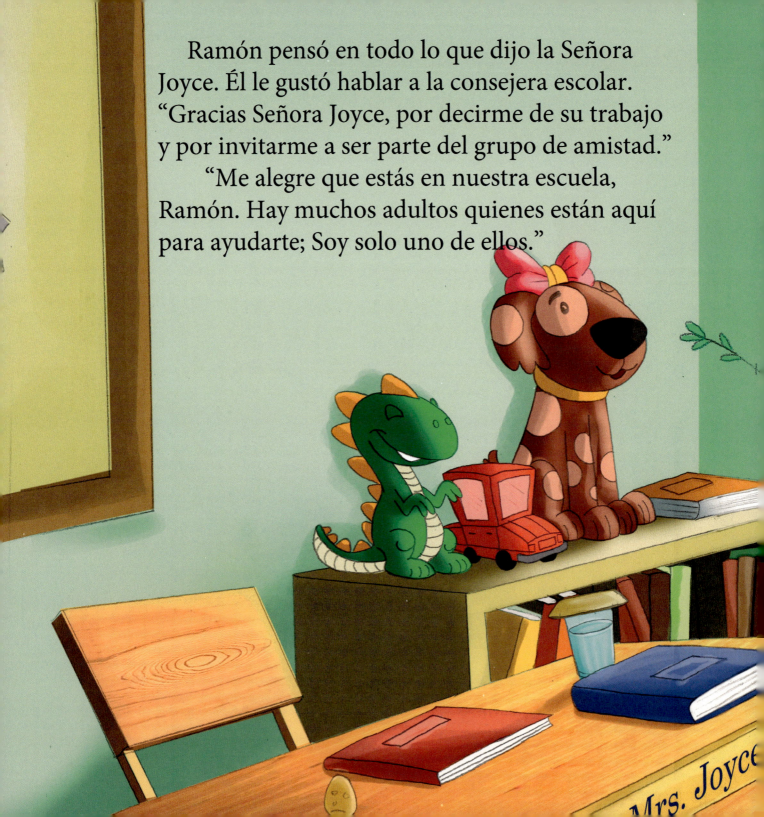

Mientras Ramón dejaba su oficina, La Señora Joyce le dio cinco. "Nos vemos la próxima semana," ella dijo.

Ramon se sonrió y caminó a su salón, ya pensando que hacer nuevos amigos no sería tan difícil como pensaba sería – y aun si fuera, él sabía quién podía ayudar.

Crete Public Library
305 E 13th St.
P. O. Box 156
Crete, NE 68333

Made in the
USA
Middletown, DE